Impressum
Verlag: BABADADA GmbH, Nedderfeld 112 , 22529 Hamburg
Geschäftsführer / Verlagsleitung: Harald Hof
Druck: Books on Demand GmbH, In de Tarpen 42, 22848 Norderstedt

Imprint
Publisher: BABADADA GmbH, Nedderfeld 112 , 22529 Hamburg, Germany
Managing Director / Publishing direction: Harald Hof
Print: Books on Demand GmbH, In de Tarpen 42, 22848 Norderstedt, Germany

shkolla
škola

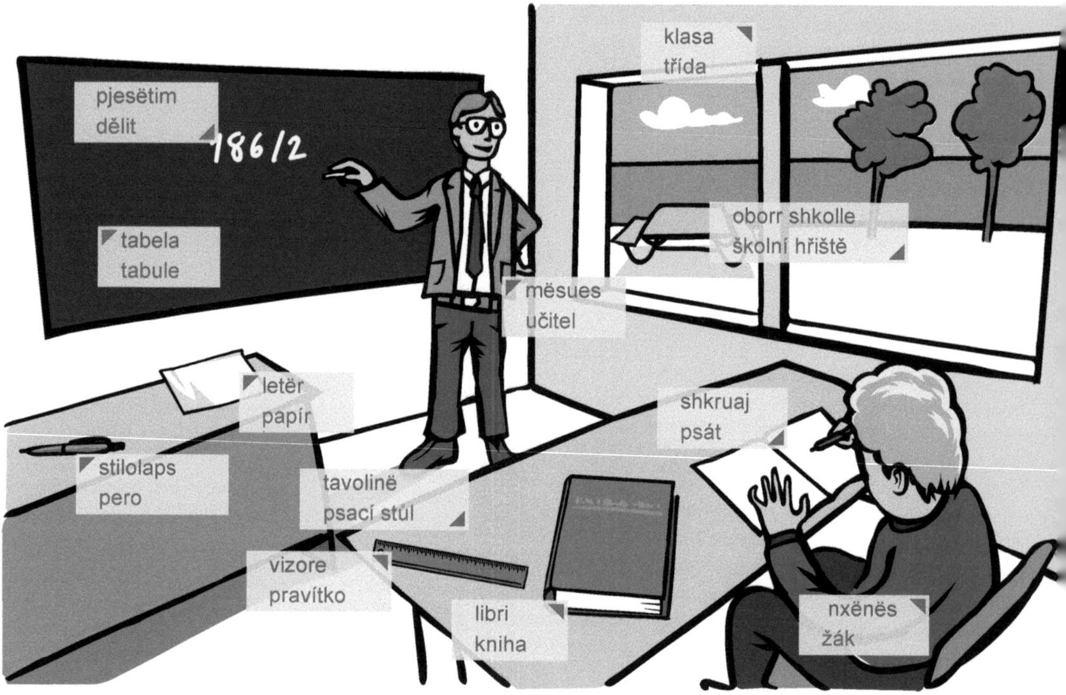
klasa
třída
pjesëtim
dělit
186/2
tabela
tabule
oborr shkolle
školní hřiště
mësues
učitel
letër
papír
shkruaj
psát
stilolaps
pero
tavolinë
psací stůl
vizore
pravítko
libri
kniha
nxënës
žák

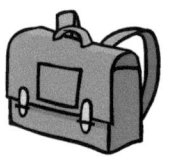

çantë

aktovka

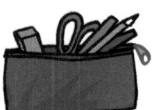

mbajtëse lapsash

penál

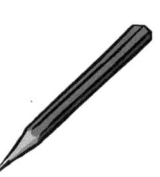

laps

tužka

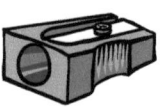

mprehës lapsash

ořezávátko

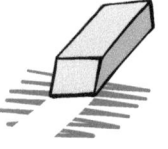

gomë

guma

fletore vizatimi

blok na kreslení

vizatim

výkres

penel

štětec

kuti bojërash

malířské potřeby

gërshërë

nůžky

ngjitës

lepidlo

fletore detyrash

cvičebnice

detyrë shtëpie

domácí úkol

12

numër

počet

2+2

mbledh

sčítat

5-2

zbres

odčítat

2×2

shumëzoj

násobit

llogaris

počítat

A

gërmë

písmeno

ABCDEFG
HIJKLMN
OPQRSTU
VWXYZ

alfabeti

abeceda

hello

fjalë

slovo

tekst

text

lexoj

číst

shkumës

křída

mësim

hodina

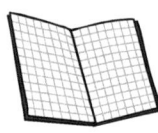

regjistër

třídní kniha

provim

zkouška

çertifikatë

vysvědčení

uniformë shkolle

školní uniforma

arsimim

vzdělání

enciklopedia

encyklopedie

universitet

univerzita

mikroskop

mikroskop

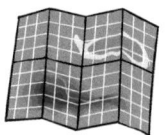

hartë

karta

kosh letrash

odpadkový koš na papír

hotel
hotel

bujtinë
ubytovna

ROOMS

pikë këmbimi valutor
směnárna

EXCHANGE

valixhe
kufr

makinë
auto

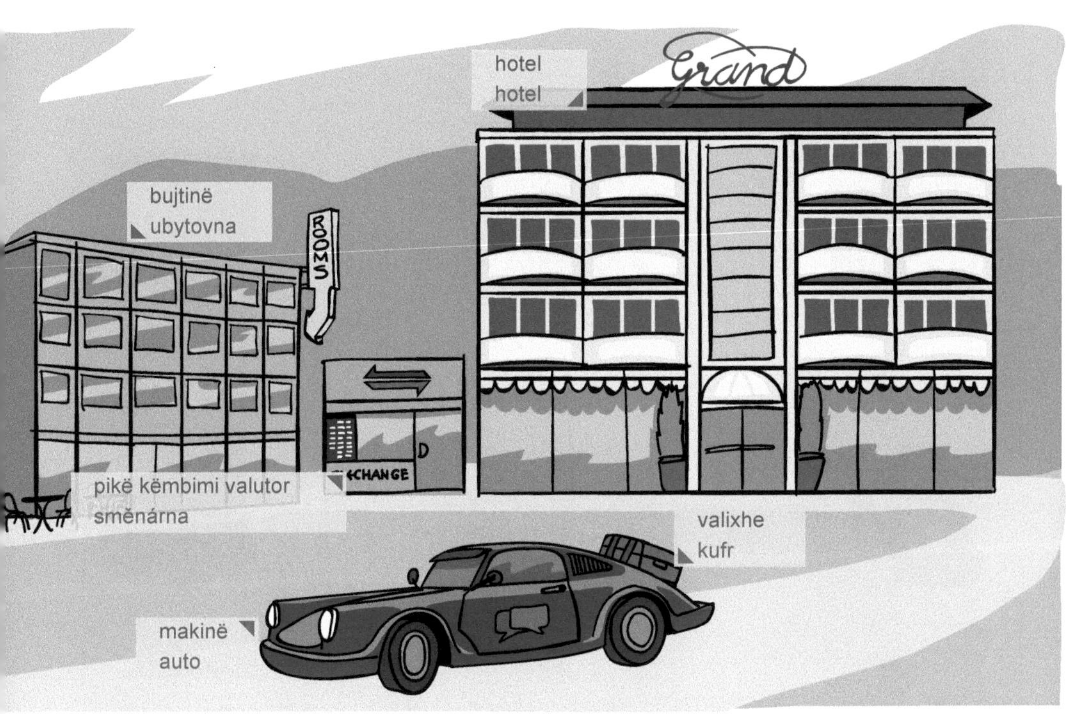

gjuhë
jazyk

po / jo
ano / ne

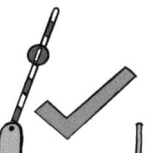

Në rregull
oukej

ç'kemi
Ahoj!

përkthyes
překladatel

Faleminderit
děkuji

sa kushton...?

Kolik stojí...?

nuk e kuptoj

nerozumím

problem

problém

Mirëmbrëma!

Dobrý večer!

Mirëmëngjes!

Dobré ráno!

Natën e mirë!

Dobrou noc!

mirupafshim

na shledanou

drejtim

směr

bagazhet

zavazadlo

çantë

taška

çantë shpine

batoh

mysafir

host

dhomë

pokoj

thes gjumi

spací pytel

tendë

stan

informacion për turistët

turistické informace

plazh

pláž

kartë krediti

kreditní karta

mëngjes

snídaně

drekë

oběd

darkë

večeře

Biletë

jízdenka

ashensor

výtah

pulla

poštovní známka

kufi

hranice

doganë

clo

ambasadë

poselství

vizë

vízum

pasaportë

pas

transport

transport

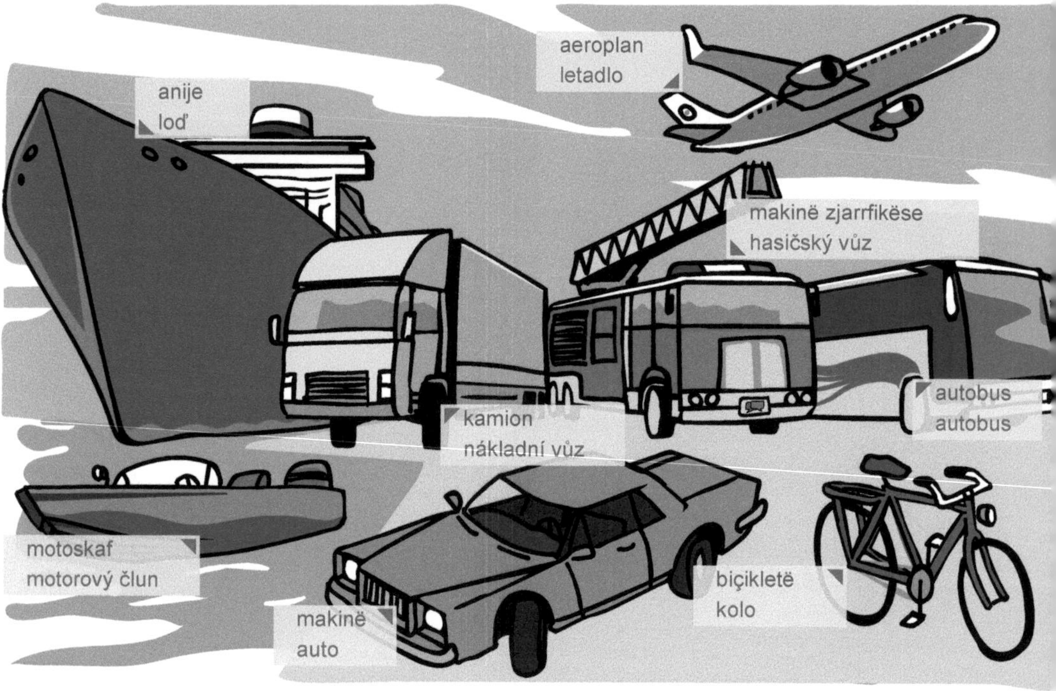
aeroplan
letadlo
anije
loď
makinë zjarrfikëse
hasičský vůz
autobus
autobus
kamion
nákladní vůz
motoskaf
motorový člun
biçikletë
kolo
makinë
auto

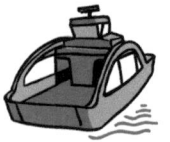

traget
přívoz

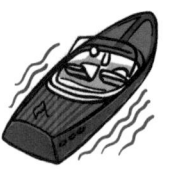

varkë
člun

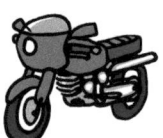

motoçikletë
motorka

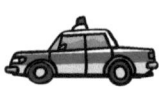

makinë policie
policejní auto

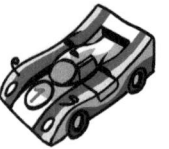

makinë garash
závodní auto

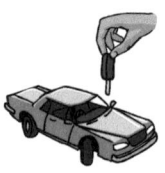

makinë me qira
pronajaté auto

darje e qirasë së makinës
....
sdílení aut

karroatrec
....
odtahová služba

makinë plehrash
....
popelářský vůz

motor
....
motor

benzinë
....
palivo

pikë karburanti
....
čerpací stanice

sinjalistikë trafiku
....
dopravní značka

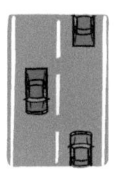

trafik
....
doprava

bllokim trafiku
....
dopravní zácpa

parkim makinash
....
parkoviště

stacion treni
....
vlakové nádraží

trase
....
koleje

tren
....
vlak

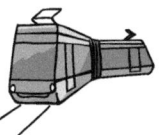

tramvaj
....
tramvaj

karro
....
vagón

helikopter

helikoptéra

aeroport

letiště

kullë

věž

pasagjer

pasažér

kontenier

kontejner

kuti kartoni

kartón

qerre

trakař

shportë

koš

ngrihem / ulem

vzlétnout / přistát

qytet

město

fshat

vesnice

qendra e qytetit

střed města

shtëpi

dům

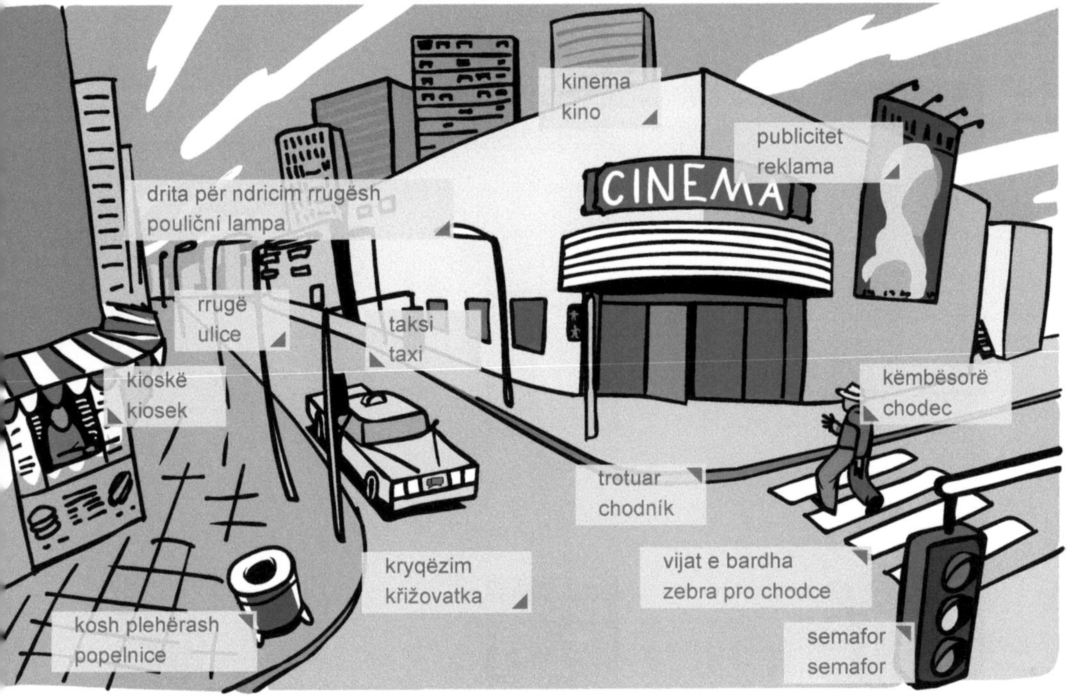

kinema
kino

publicitet
reklama

drita për ndricim rrugësh
pouliční lampa

CINEMA

rrugë
ulice

taksi
taxi

këmbësorë
chodec

kioskë
kiosek

trotuar
chodník

kryqëzim
křižovatka

vijat e bardha
zebra pro chodce

kosh plehërash
popelnice

semafor
semafor

kasolle

chata

apartament

byt

stacion treni

vlakové nádraží

bashki

radnice

muze

muzeum

shkolla

škola

qytet - město

universitet

univerzita

bankë

banka

spital

nemocnice

hotel

hotel

farmaci

lékárna

zyrë

kancelář

librari

knihkupectví

dyqan

obchod

dyqan lulesh

květinářství

supermarket

supermarket

market

tržnice

mapo

obchodní dům

dyqan peshku

rybárna

qëndër tregtare

nákupní centrum

port

přístav

park

park

stol

lavička

urë

most

shkallë

schody

metro

metro

tunel

tunel

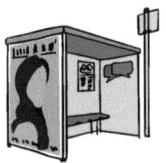

stacion autobuzi

autobusová zastávka

bar

bar

restorant

restaurace

kuti postare

poštovní schránka

sinjalistikë rrugore

pouliční tabule

kohëmatës parkimi

parkovací hodiny

kopsht zoologjik

zoo

pishinë

plovárna

xhami

mešita

fermë
....
usedlost

ndotje
....
znečišťování životního
prostředí

varrezë
....
hřbitov

kishë
....
církev

shesh lojërash
....
hřiště

tempull
....
chrám

peisazh
krajina

gjethe
list

tabela orientuese
rozcestník

rrugë
cesta

livadh
louka

gurë
kámen

ekskursionist
turista

pemë
strom

lumë
řeka

bar
tráva

lule
květina

luginë
....
údolí

kodër
....
hora

liqen
....
jezero

pyll
....
les

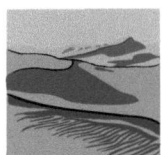

shkretëtirë
....
poušť

vullkan
....
sopka

kështjellë
....
zámek

ylber
....
duha

kepudhë
....
houba

palmë
....
palma

mushkonjë
....
komár

mizë
....
moucha

milingonë
....
mravenec

bletë
....
včela

merimangë
....
pavouk

brumbull

brouk

bretkosë

žába

ketër

veverka

iriq

ježek

lepur

zajíc

buf

sova

zog

pták

mjellmë

labuť

derr i egër

divoké prase

dre

jelen

dre brilopatë

los

digë

přehrada

turbinë ere

větrné kolo

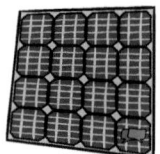

panel diellor

solární panel

klimë

podnebí

restorant
restaurace

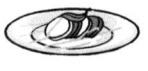

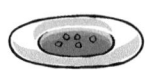

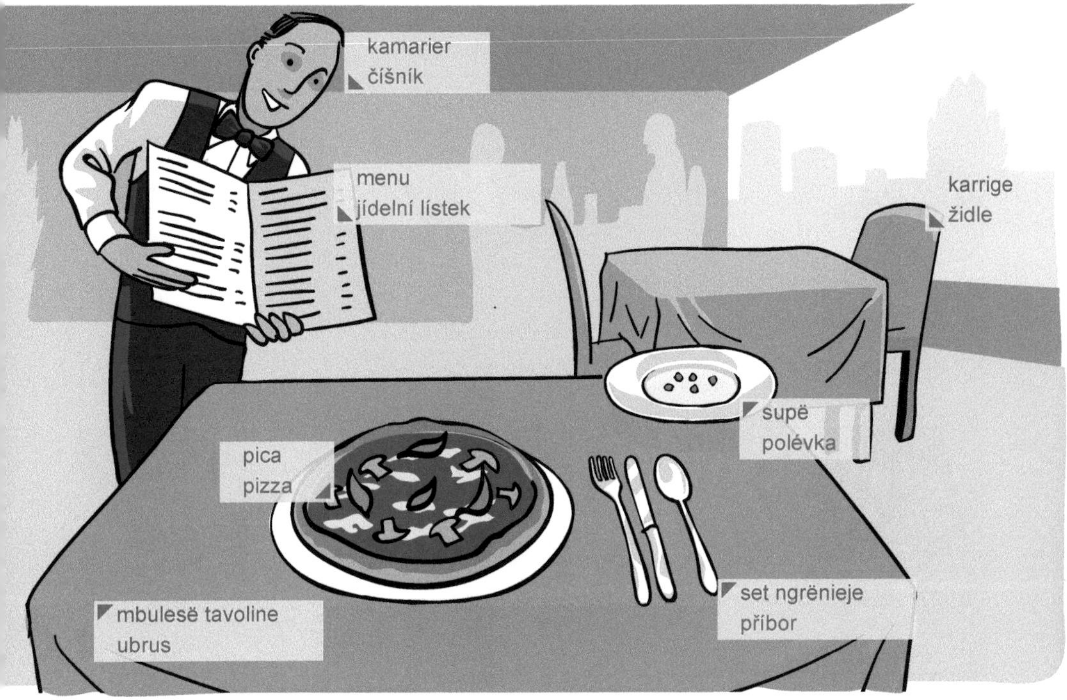
kamarier
číšník
menu
jídelní lístek
karrige
židle
supë
polévka
pica
pizza
set ngrënieje
příbor
mbulesë tavoline
ubrus

pjatë e parë

předkrm

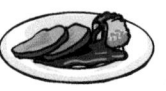

pjatë kryesore

hlavní chod

ëmbëlsirë

dezert

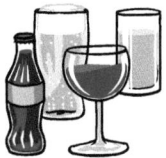

pije

nápoje

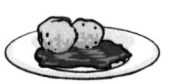

ushqim

jídlo

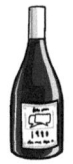

shishe

láhev

ushqim i shpejtë

rychlé občerstvení

ushqim i shërbyer në rrugë

pouliční občerstvení

ibrik çaji

čajová konvice

kuti sheqeri

cukřenka

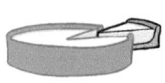

racion

porce

makinë kafeje ekspres

kávovar na espresso

karrige e lartë

dětská stolička

faturë

faktura

tabaka

tác

thika

nůž

pirun

vidlička

lugë

lžíce

lugë çaji

čajová lyžička

pecetë

ubrousek

gotë

sklenička

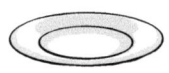

pjatë

talíř

pjatë supe

talíř na polévku

pjatë filxhani

podšálek

salcë

omáčka

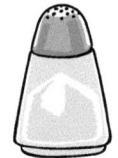

mbajtëse kripe

slánka

mulli piperi

mlýnek na pepř

uthull

ocet

vaj

olej

erëza

koření

keçap

kečup

mustardë

hořčice

majonezë

majonéza

supermarket
supermarket

ofertë speciale
nabídka
FOR
klient
zákazník
produkte bulmeti
mléčné výrobky
frut
ovoce
karrocë pazari
nákupní vozík

BUTCHERS

dyqan mishi

masna

BAKERY

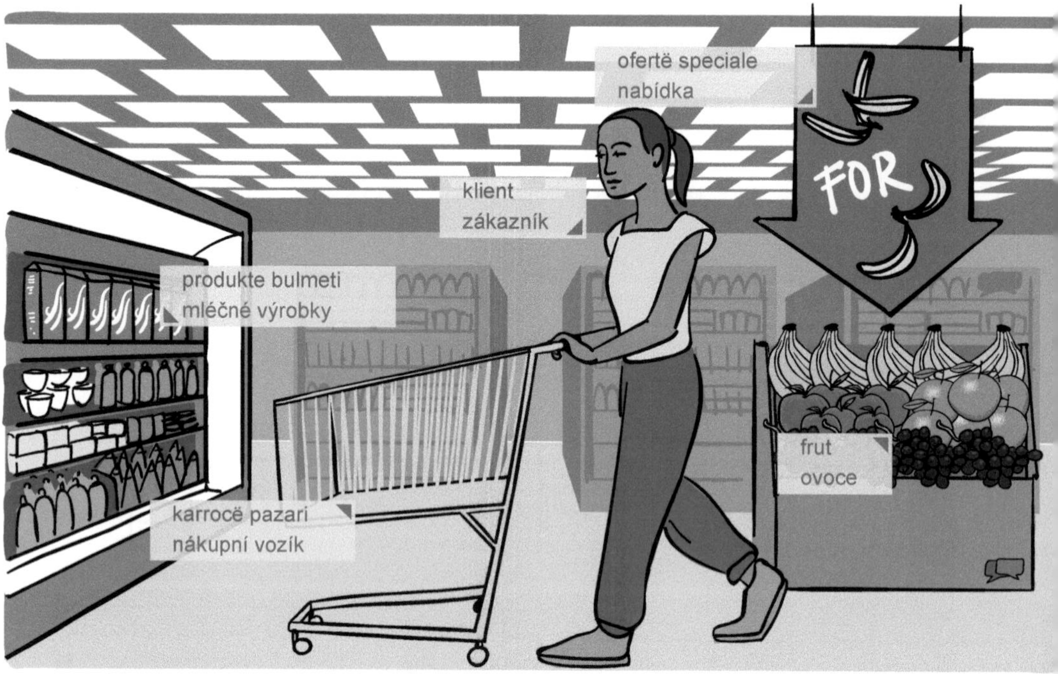

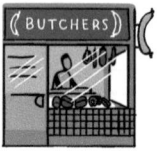

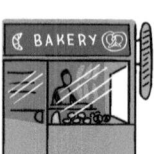

furrë buke

pekařství

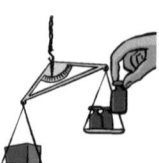

peshoj

vážit

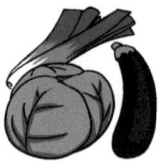

perime

zelenina

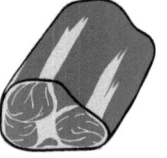

mish

maso

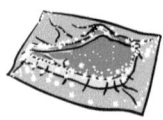

ushqim i ngrirë

mražené potraviny

copë
....
obložený talíř

ushqim i konservuar
....
konzervy

pluhur larës
....
prací prášek

ëmbëlsirat
....
cukrovinky

prodhime shtëpie
....
výrobky pro domácnost

produkte pastrimi
....
čisticí prostředek

shitëse
....
prodavačka

kasë fiskale
....
pokladna

arkëtar
....
pokladní

listë blerjeje
....
nákupní seznam

oraret e punës
....
otevírací doba

portofol
....
peněženka

kartë krediti
....
kreditní karta

çantë
....
taška

qese plastike
....
igelitová taška

ujë
....
voda

lëng frutash
....
džus

qumësht
....
mléko

koka-kola
....
kola

verë
....
víno

birrë
....
pivo

alkool
....
alkohol

kakao
....
kakao

çaj
....
čaj

kafe
....
káva

kafe ekspres
....
espresso

kapuçino
....
kapučíno

banane

banán

mollë

jablko

portokalle

pomeranč

pjepër

meloun

limon

citrón

karrotë

mrkev

hudhër

česnek

bambu

bambus

qepë

cibule

kërpudha

houba

arra

ořechy

makarona

těstoviny

spageti

špageti

oriz

rýže

sallatë

salát

patate të skuqura

hranolky

patate të skuqura

americké brambory

pica

pizza

hamburger

hamburger

sanduiç

sendvič

shnicel

řízek

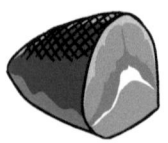

proshutë

šunka

sallam

salám

salçiçe

salám

pulë

kuře

skuq

pečeně

peshk

ryby

tërshërë

ovesné vločky

drithëra

müsli

kornfleiks

vločky

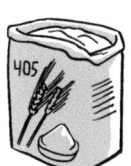

miell

mouka

kruasant

croissant

panine

houska

bukë

chléb

tost

toast

biskotë

sušenky

gjalp

máslo

gjizë

tvaroh

tortë

buchta

vezë

vejce

vezë sy

volské oko

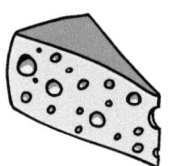

djathë

sýr

akullore

zmrzlina

sheqer

cukr

mjaltë

med

marmaladë

marmeláda

çokokrem

nugátový krém

këri

kari

shtëpi fermë
selské stavení

hangar
stodola

deng bari
balík slámy

kal
kůň

fushë
pole

rimorkio
přívěs

traktor
traktor

kërriç
hříbě

gomar
osel

qengj
jehně

dele
ovce

dhi
koza

lopë
kráva

viç
tele

derr
prase

derrkuc
sele

dem
býk

patë
....
husa

rosë
....
kachna

zog pule
....
kuře

pulë
....
slepice

gjel
....
kohout

mi
....
krysa

mace
....
kočka

mi
....
myš

buall
....
vůl

qen
....
pes

kolibe qeni
....
psí bouda

zorrë vaditëse
....
zahradní hadice

vaditëse
....
kropicí konev

kosë
....
kosa

plug
....
pluh

drapër
srp

shat
motyka

kosa
vidle

sëpatë
sekera

karrocë
kolecko

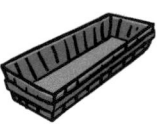

govatë
koryto

bidon qumështi
konev na mléko

thes
pytel

gardh
plot

ahur
stáj

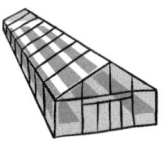

serë
skleník

dhe
půda

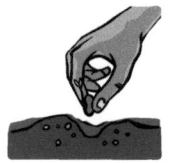

farë
osivo

pleh
hnojivo

autokombanjë
kombajn

korr
....
sklidit

te korrat
....
sklizeň

patate e ëmbël "Yam"
....
smldinec

grurë
....
pšenice

soja
....
sója

patate
....
brambora

misër
....
kukuřice

raps
....
řepka

pemë frutore
....
ovocný strom

zhardhok manioku
....
maniok

drithëra
....
obilí

30   fermë - usedlost

shtëpi
dům

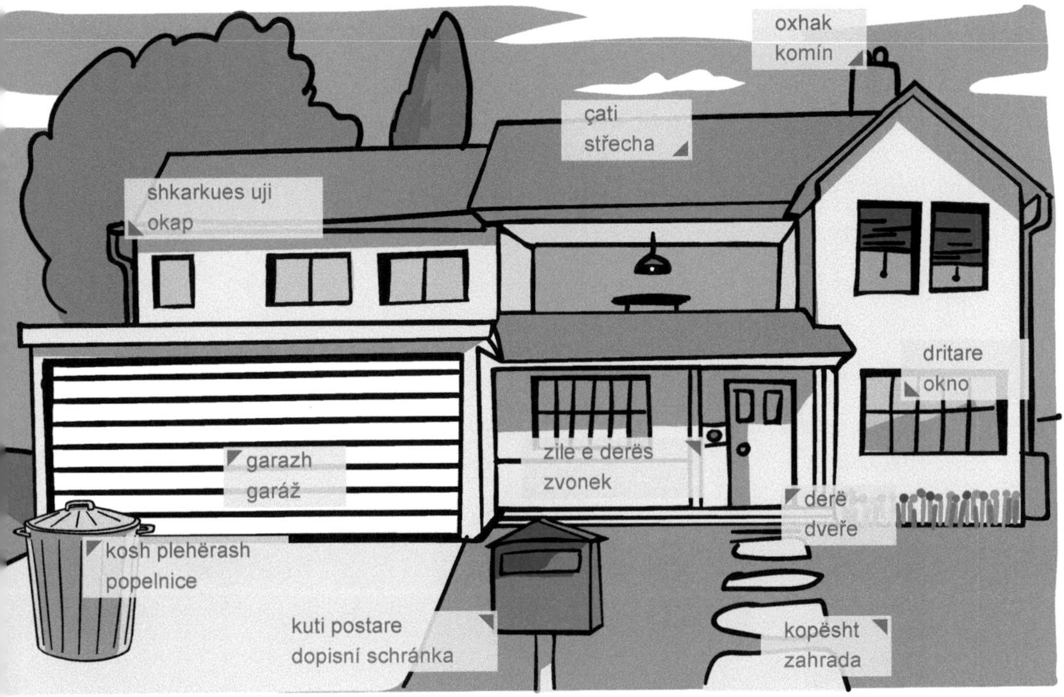
oxhak
komín
çati
střecha
shkarkues uji
okap
dritare
okno
garazh
garáž
zile e derës
zvonek
derë
dveře
kosh plehërash
popelnice
kuti postare
dopisní schránka
kopësht
zahrada

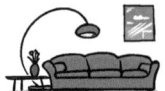

dhomë ndenjeje

obývací pokoj

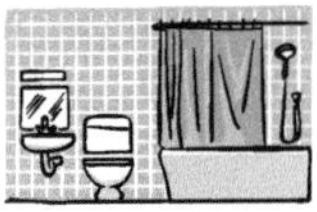

tualet

koupelna

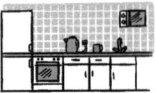

kuzhinë

kuchyně

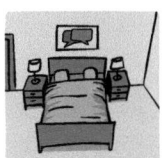

dhomë gjumi

ložnice

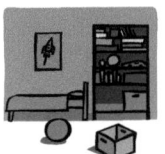

dhomë fëmijësh

dětský pokoj

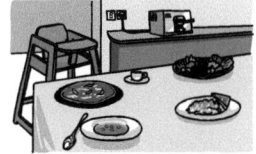

dhomë ngrënieje

jídelna

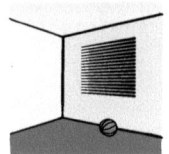

dysheme

podlaha

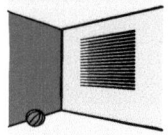

mur

zeď

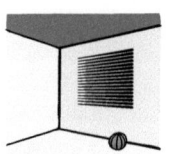

tavan

deka

bodrum

sklep

sauna

sauna

ballkon

balkón

tarracë

terasa

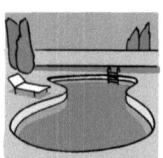

pishinë

bazén

kositëse bari

sekačka na trávu

çarçaf

ložní prádlo

kuvertë

lůžková přikrývka

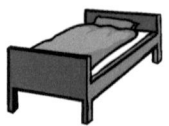

krevat

postel

fshesë dore

smeták

kovë

kýbl

çelës

vypínač

dhomë ndenjeje
obývací pokoj

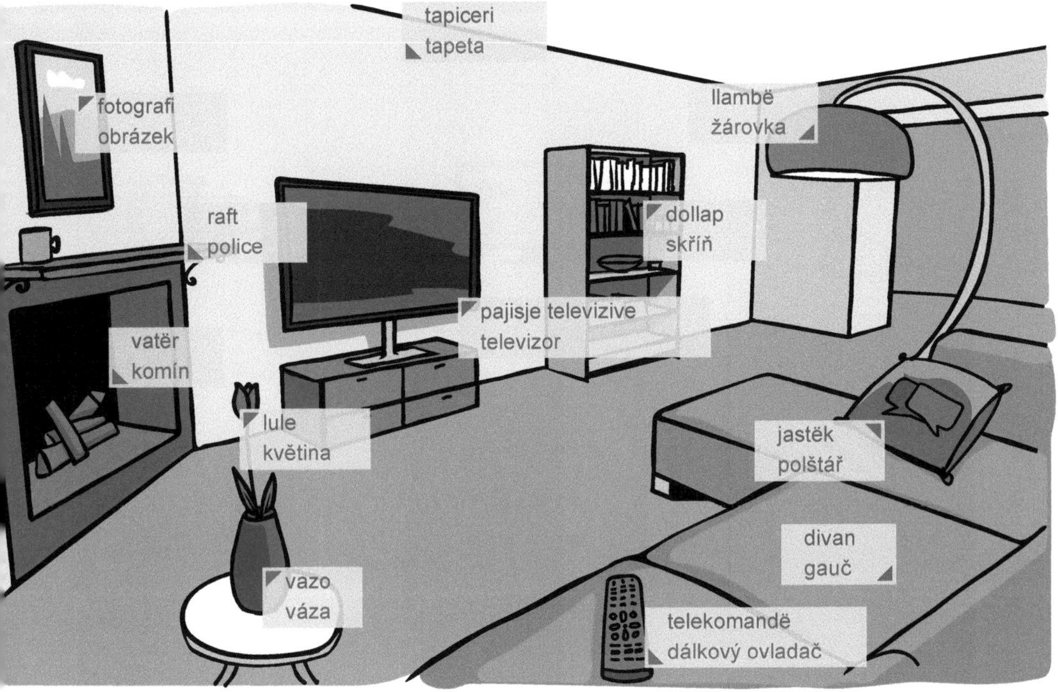

tapiceri
tapeta
fotografi
obrázek
llambë
žárovka
raft
police
dollap
skříň
pajisje televizive
televizor
vatër
komín
lule
květina
jastëk
polštář
divan
gauč
vazo
váza
telekomandë
dálkový ovladač

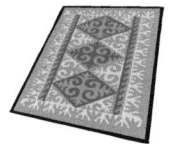

qilim

koberec

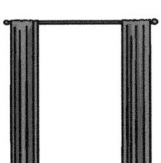

perde

závěs

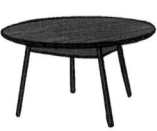

tavolinë

stůl

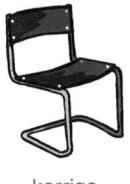

karrige

židle

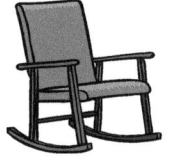

karrige lëkundëse

houpací křeslo

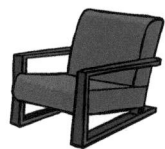

kolltuk

křeslo

libri
kniha

batanije
strop

zbukurime
ozdoba

dru zjarri
palivové dříví

film
film

stereo
stereo souprava

çelës
klíč

gazetë
noviny

pikturë
malba

afishe
plakát

radio
rádio

bllok shënimesh
poznámkový blok

fshesë me korent
vysavač

kaktus
kaktus

qiri
svíce

kuzhinë
kuchyně

frigorifer
chladnička
mikrovalë
mikrovlnná trouba
peshore kuzhine
kuchyňská váha
toster
toustovač
detergjent
čisticí prostředek
furrë
trouba
ngrirës
mraznička
kosh plehërash
popelnice
lavastovilje
myčka nádobí

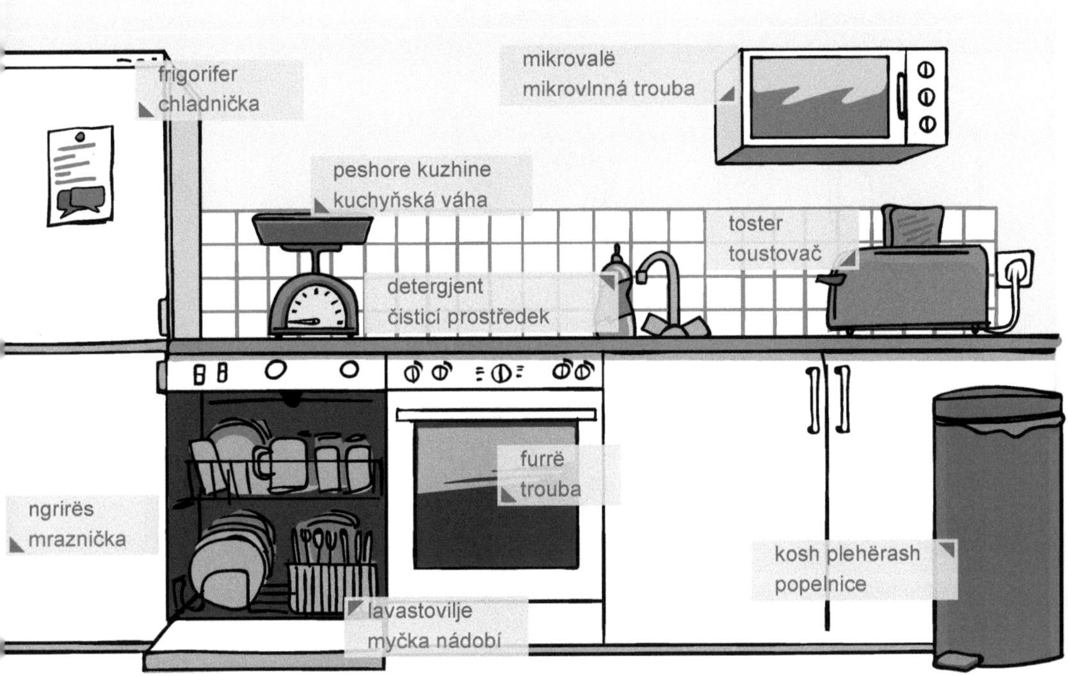

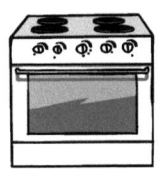

sobë
sporák

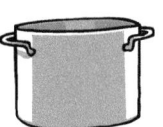

tenxhere
hrnec

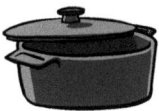

tenxhere me kapak
litinový hrnec

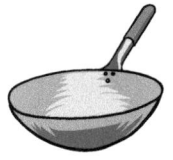

tigan special (Wok)
wok / kadai

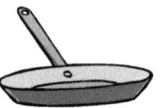

tigan
pánev

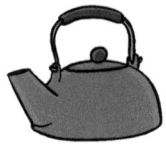

çajnik
varná konvice

tenxhere me avull

parní hrnec

tavë pjekjeje

plech na pečení

enë

nádobí

filxhan

hrnek

tas

miska

shkopinj

jídelní hůlky

garuzhde

naběračka

spatul

obracečka

tel kuzhine

metla

kulluese

síto

sitë

cedník

rende

struhadlo

havan

hmoždíř

skarë

gril

zjarr

ohniště

dërrasë për prerje

prkénko na krájení

okllai

váleček na těsto

heqëse tapash

vývrtka

kanaçe

dóza

hapëse kanaçeje

otvírák na konzervy

rrobë për të kapur
tenxheren
chňapka

lavaman

umyvadlo

furçë

kartáč na nádobí

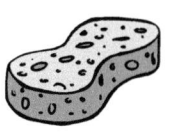

sfungjer

houba

përzjerës

mixér

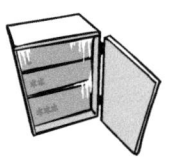

ngrirës

mrazák

biberon për lëngje

dětská lahev

rubinet

kohoutek

kuzhinë - kuchyně

tualet
koupelna

ngrohje
topení
dush
sprcha
peshqirë
ručník
perde dushi
sprchový závěs
vaskë me shkumë
pěnová koupel
vaskë
vana
gotë
sklenička
lavatriçe
pračka
rubinet
kohoutek
pllaka
obkladačky
oturak
nočník
lavaman
umyvadlo

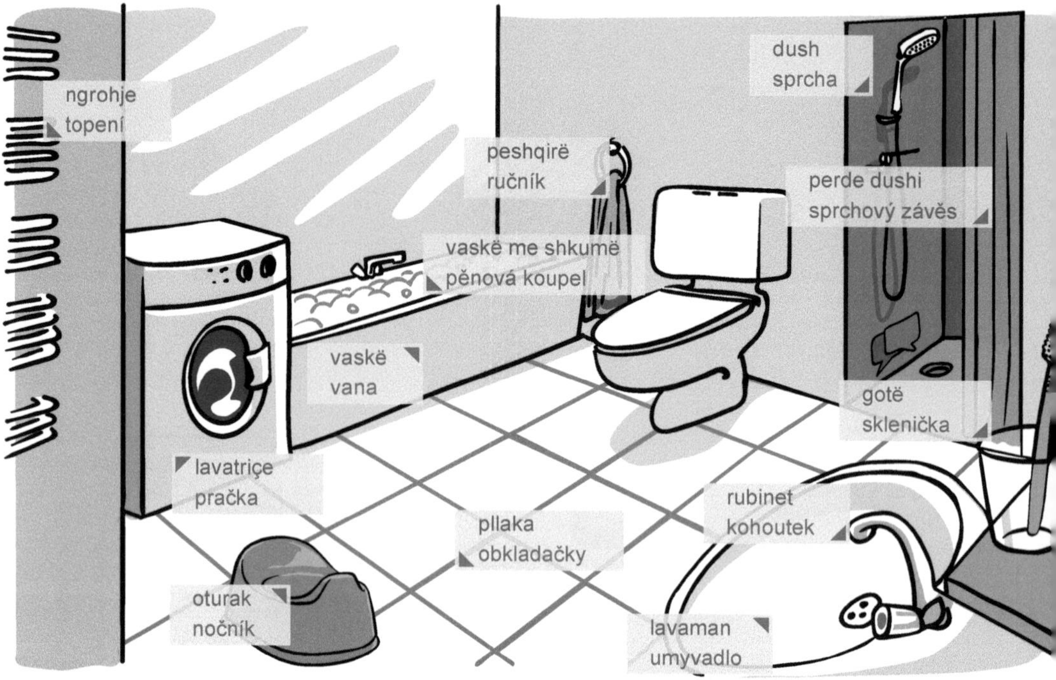

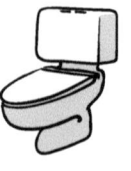

tualet
záchod

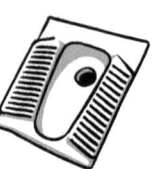

WC e sheshtë
turecký záchod

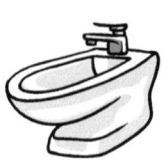

bide
bidet

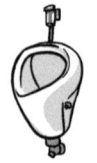

tualet publik
pisoár

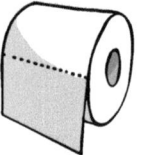

letër higjienike
toaletní papír

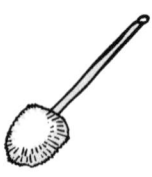

furçe për WC
záchodová štětka

furçë dhëmbësh

zubní kartáček

pastë dhëmbësh

zubní pasta

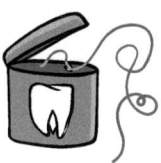

fije dentare

zubní niť

laj

mýt

dorezë dushi

ruční sprcha

larës për zonën intime

intimní sprcha

legen

umyvadlo

furçë për masazh shpine

kartáč na záda

sapun

mýdlo

shampo trupi

sprchový gel

shampo

šampón

leckë pastruese

žínka

kullues

odpad

krem

krém

antidjersë

deodorant

pasqyrë

zrcadlo

pasqyrë dore

kosmetické zrcátko

brisk rroje

holicí strojek

shkumë rroje

pěna na holení

locion pas rrojes

voda po holení

krehër

hřeben

furçë

kartáč

tharëse flokësh

fén

llak për flokët

lak na vlasy

grim

makeup

buzëkuq

rtěnka

manikyr

lak na nehty

mbushje pambuku

vata

gërshërë për thonj

nůžky na nehty

parfum

parfém

antë për sendet personale

ška s toaletními potřebami

Stol

stolička

peshore

váha

robëdëshambër

župan

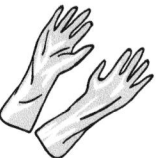

dorashka gome

gumové rukavice

tampon

tampón

peceta higjienike

dámská vložka

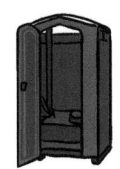

tualet I lëvizshëm

chemická toaleta

dhomë fëmijësh

dětský pokoj

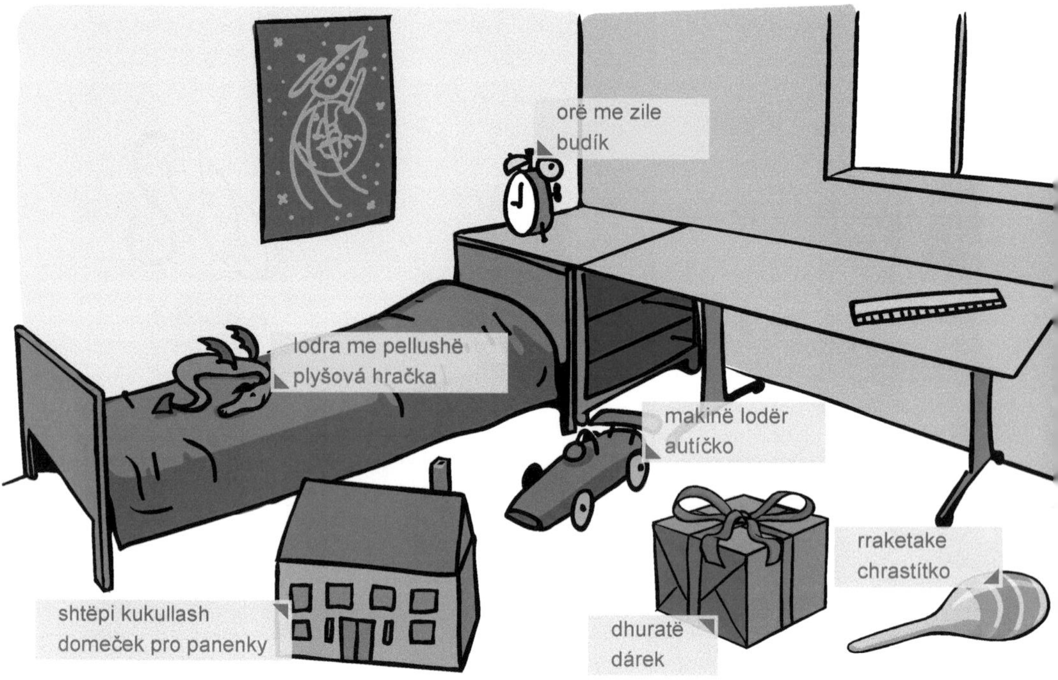
orë me zile
budík
lodra me pellushë
plyšová hračka
makinë lodër
autíčko
rraketake
chrastítko
shtëpi kukullash
domeček pro panenky
dhuratë
dárek

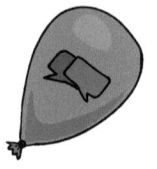

tollumbace

balón

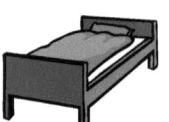

krevat

postel

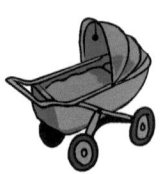

karrocë fëmijësh

kočárek

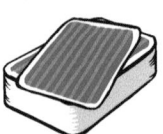

lojë me letra

balíček karet

bashkim pjesësh me figura

puzzle

SUPER
MEGA

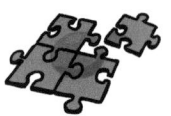

komik

komiks

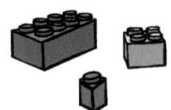

formuese lodër
....
lego kostky

kuba plastikë
....
stavebnice

lodra
....
akční figurka

badi
....
dupačky

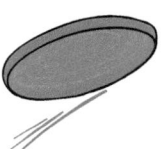

frizbi
....
frisbee

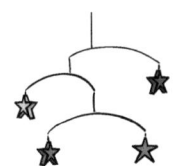

lodra të varura tek krevati i fëmijëve
....
závěsné hračky nad postýlku

tavolinë lojërash
....
desková hra

zare
....
kostky

model treni
....
modelová železnice

biberon
....
dudlík

festë
....
oslava

libër me ilustrime
....
obrázková kniha

top
....
míč

kukull
....
panenka

luaj
....
hrát si

grumbull rëre

pískoviště

kolovarëse

houpačka

lodra

hračky

leva për lojra video

hrací konzole

triçikël

tříkolka

arush prej pellushi

medvídek

garderobë

šatník

veshje
oblečení

çorape

ponožky

çorape të gjata

punčochy

geta

punčochové kalhoty

shall
šála

çadër
deštník

rrip
pásek

bluzë pa jakë
tričko

çizme
kozačky

pantofla
domácí obuv

atlete
tenisky

sandale	këpucë	çizme llastiku
sandály	obuv	holínky

të mbathura	reçipeta	kanotierë
spodní prádlo	podprsenka	nátělník

trup
body

pantallona
kalhoty

xhinse
džíny

fund
sukně

bluzë
blůza

këmishë
košile

pulovër
svetr

triko
mikina

xhaketë
blejzr

xhaketë
bunda

pallto
kabát

mushama shiu
pláštěnka

kostum
kostým

fustan
šaty

fustan nusërie
svatební šaty

kostum
oblek

këmishë nate
noční košile

pizhama
pyžamo

sari (veshje tradicionale indiane)
sárí

shami koke
šátek na hlavu

çallmë
turban

veshje për femrat e besimit musliman
burka

kaftan (lloj veshjeje tradicionale)
kaftan

ferexhe
abája

kostum banje
plavky

rroba banje
pánské plavky

pantallona të shkurtra
kraťasy

tuta sporti
tepláková souprava

përparëse
zástěra

dorashka
rukavice

veshje - oblečení

kopsë

knoflík

syze

brýle

byzylyk

náramek

gjerdan

náhrdelník

unazë

prsten

vath

náušnice

kapuç

čepice

varëse për pallto

ramínko

kapele

klobouk

kravatë

kravata

zinxhir

zip

helmetë

helma

tiranda

kšandy

uniformë shkolle

školní uniforma

uniformë

uniforma

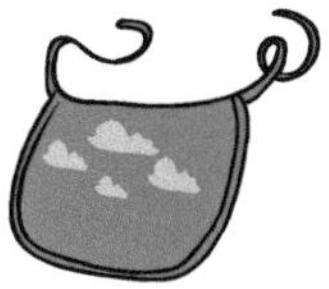

gushore

bryndák

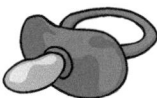

biberon

dudlík

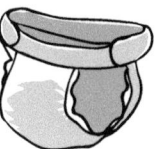

pelenë

plena

zyrë
kancelář

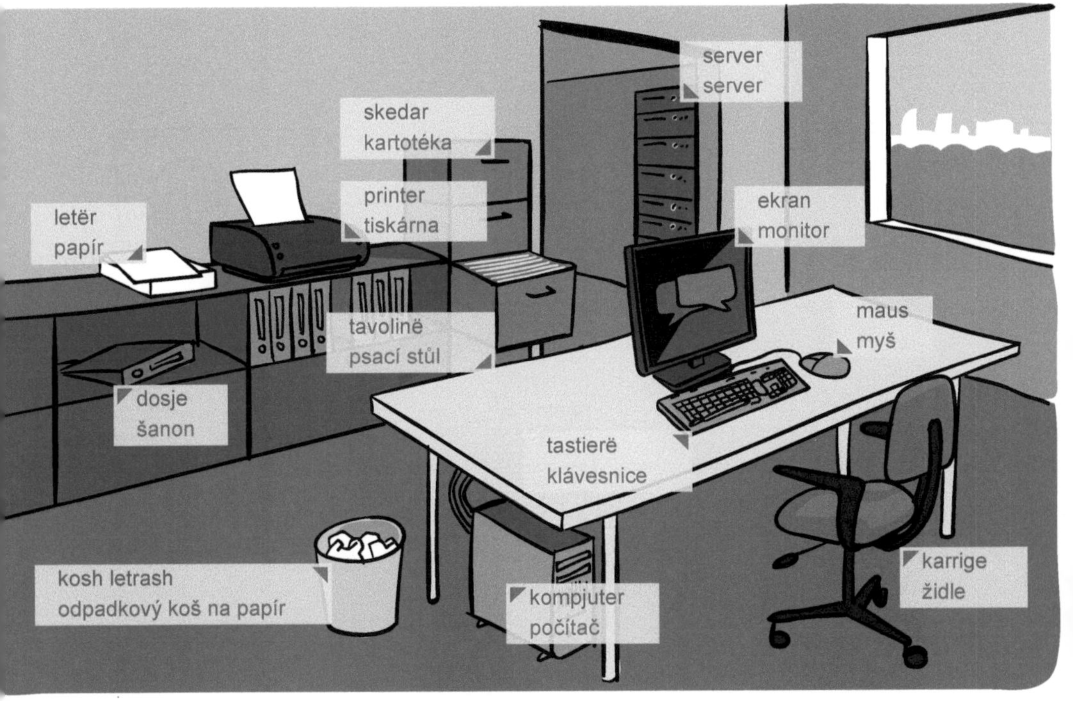
server
server
skedar
kartotéka
printer
tiskárna
letër
papír
ekran
monitor
maus
myš
tavolinë
psací stůl
dosje
šanon
tastierë
klávesnice
kosh letrash
odpadkový koš na papír
kompjuter
počítač
karrige
židle

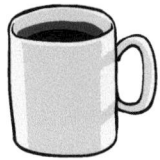

filxhan kafeje

hrnek na kávu

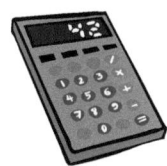

makinë llogaritëse

kalkulačka

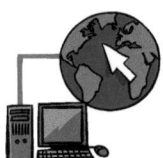

internet

internet

kompjuter portativ

notebook

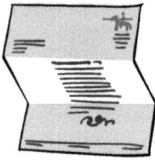

letër

dopis

mesazh

zpráva

telefon

mobil

rrjet

síť

fotokopje

kopírka

program

software

telefon

telefon

prizë

zásuvka

pajisje faksi

fax

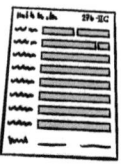

formular

formulář

dokument

dokument

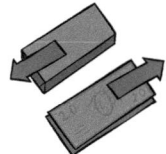

blej

nakupovat

paguaj

zaplatit

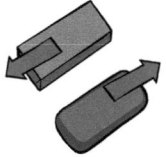

tregtoj

jednat

para

peníze

dollar

dolar

euro

euro

jen

jen

rubla

rubl

franga zvicerane

frank

juani kinez

juan

rupje

rupie

bankomat

bankomat

pikë këmbimi valutor

směnárna

ar

zlato

argjend

stříbro

nafta

olej

energji

energie

çmim

cena

kontratë

smlouva

taksë

daň

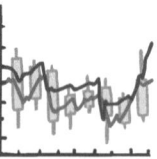

aksione

akcie

punoj

pracovat

punonjës

zaměstnanec

punëdhënës

zaměstnavatel

fabrikë

továrna

dyqan

obchod

oficer policie
policista

zjarrfikës
hasič

kuzhinier
kuchař

mjek
lékař

pilot
pilot

kopshtar

zahradník

marangoz

truhlář

rrobaqepëse

švadlena

gjykatës

soudce

kimist

chemik

aktor

herec

shofer autobuzi

řidič autobusu

taksist

řidič taxi

peshkatar

rybář

pastruese

uklízečka

riparues çatish

pokrývač

kamarier

číšník

gjuetar

myslivec

piktor

malíř

furrxhi

pekař

elektriçist

elektrikář

ndërtues

stavební dělník

inxhinier

inženýr

kasap

řezník

hidraulik

klempíř

postieri

listonoš

ushtar

vják

arkitekt

architekt

arkëtar

pokladní

luleshitës

florista

berber

kadeřník

kontrollor

průvodčí

mekanik

mechanik

kapiten

kapitán

dentist

zubař

shkencëtar

vědec

rabin

rabín

imam

imám

murg

mnich

klerik

duchovní

mjete
nářadí

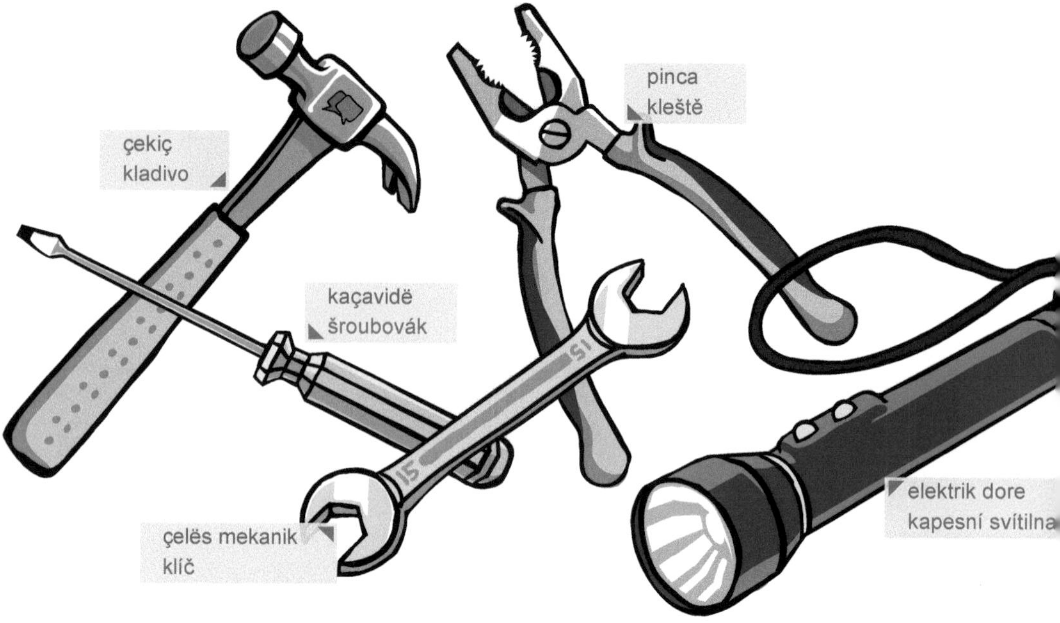
pinca
kleště
çekiç
kladivo
kaçavidë
šroubovák
elektrik dore
kapesní svítilna
çelës mekanik
klíč

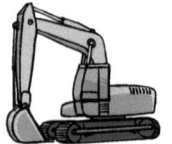

ekskavator

bagr

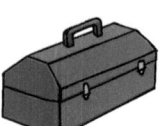

kuti veglash

skříň na nářadí

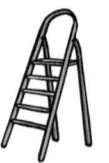

shkallë

žebřík

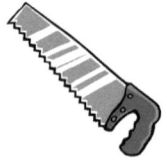

sharrë

pila

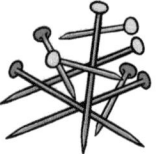

gozhdë

hřebíky

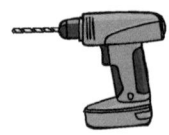

trapan

vrtačka

riparoj

opravit

lopatë

lopata

Dreq!

Kurva!

kaci

lopatka

kuti boje

vëdroé na barvu

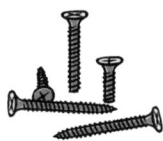

vidhë

šrouby

instrumenta muzikorë
hudební nástroje

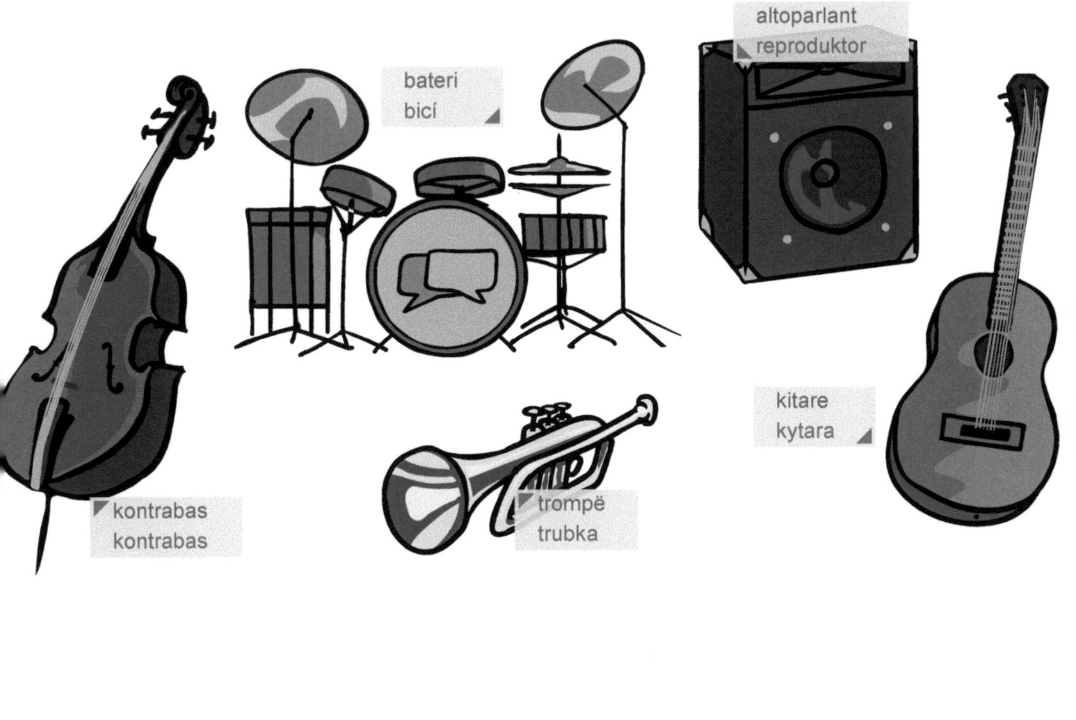

bateri
bicí

altoparlant
reproduktor

kontrabas
kontrabas

trompë
trubka

kitare
kytara

piano

klavír

violinë

housle

bas

basa

tamburë

tympán

daulle

bubny

tastierë pianoje

keyboard

saksofon

saxofon

flaut

flétna

mikrofon

mikrofon

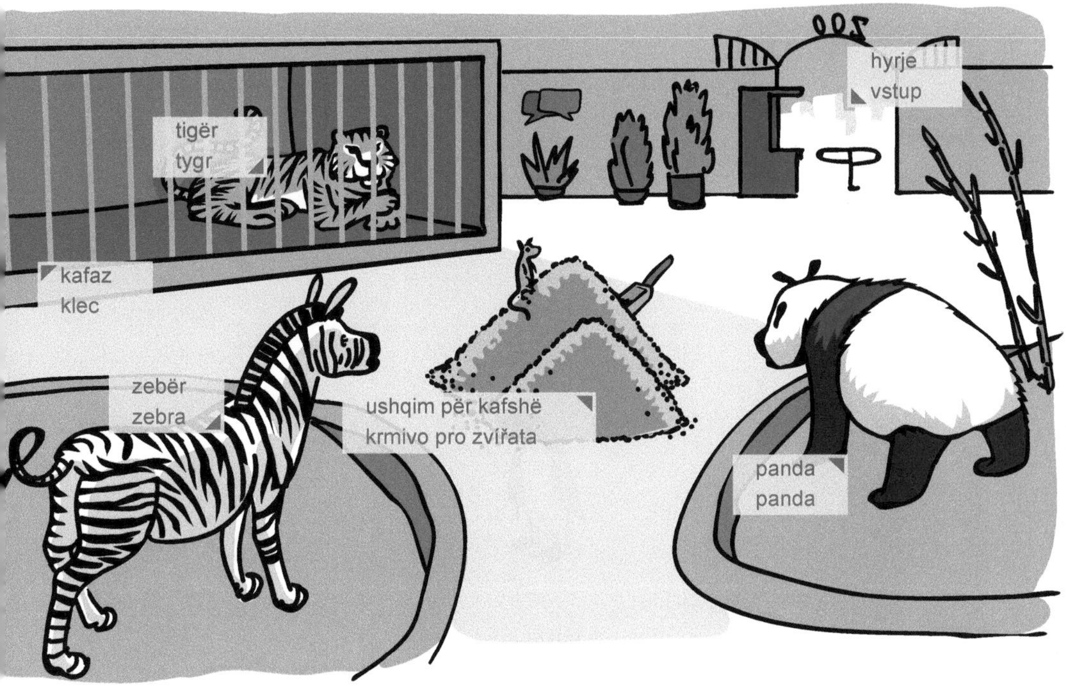

tigër
tygr

hyrje
vstup

kafaz
klec

zebër
zebra

ushqim për kafshë
krmivo pro zvířata

panda
panda

kafshë
zvířata

elefant
slon

kangur
klokan

rinoceront
nosorožec

gorillë
gorila

ari
medvěd

deve

velbloud

struc

pštros

luan

lev

majmun

opice

flamingo

plameňák

papagall

papoušek

ari polar

lední medvěd

pinguin

tučňák

peshkaqen

žralok

pallua

páv

gjarpër

had

krokodil

krokodýl

punonjës i kopshtit zoologjik

ošetřovatel zvířat

fokë

tuleň

xhaguar

jaguár

poni
poník

leopard
leopard

hipopotam
hroch

gjirafë
žirafa

shqiponjë
orel

derr i egër
divoké prase

peshk
ryby

breshkë
želva

lopë deti
mrož

dhelpër
liška

gazelë
gazela

futboll amerikan
americký fotbal

çiklizëm
cyklistika

tenis
tenis

basketboll
košíková

not
plavání

boks
box

hokej mbi akull
lední hokej

futboll	badminton	atletikë
kopaná	badminton	lehká atletika
hendboll	ski	polo
házená	běh na lyžích	vodní pólo

aktivitet
aktivity

hidhem
skočit
qesh
smát se
përqafoj
objímat
eci
jít
këndoj
zpívat
ëndërroj
snít
lutem
modlit se
puth
políbit

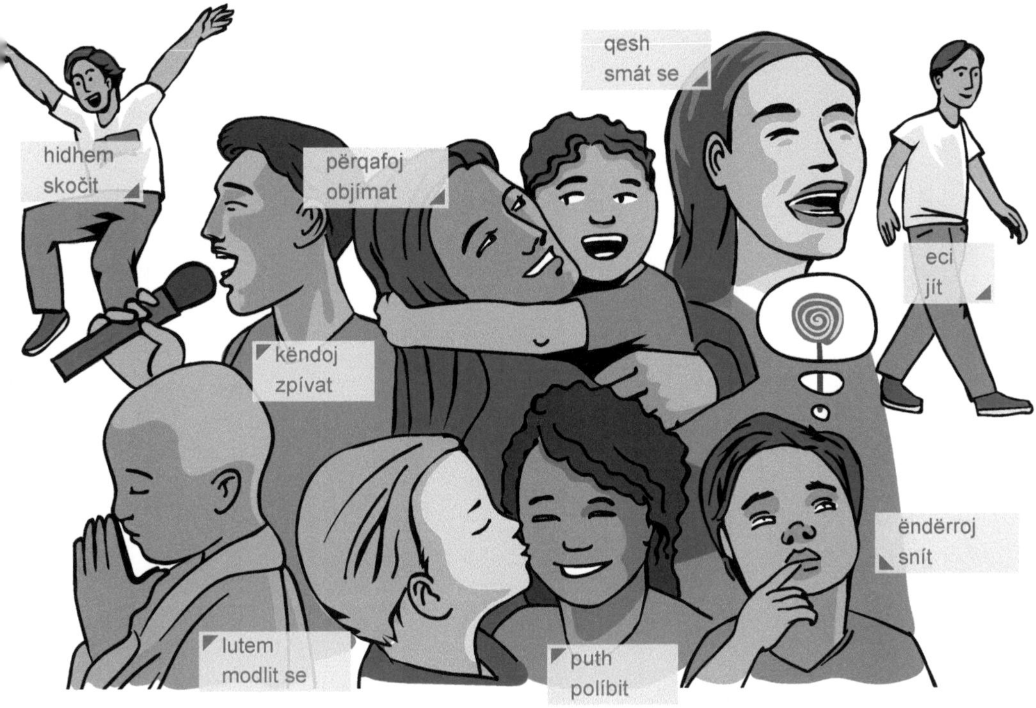

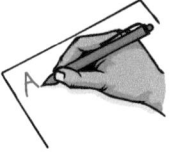

shkruaj

psát

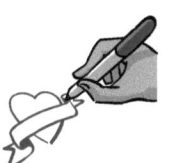

vizatoj

kreslit

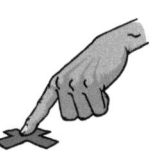

tregoj

ukazovat

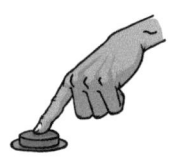

shtyj

tlačit

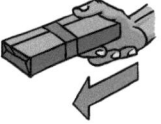

jap

dát

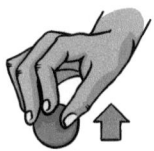

marr

vzít si

kam

mít

bëj

dělat

jam

být

qëndroj

stát

vrapoj

běhat

tërheq

táhnout

hedh

hodit

bie

padat

shtrihem

ležet

pres

čekat

mbaj

nosit

ulem

sedět

vishem

oblékat

fle

spát

zgjohem

vzbudit se

aktivitet - aktivity

shikoj

prohlédnout si

qaj

plakat

përkëdhel

pohladit

kreh

česat

bisedoj

hovořit

kuptoj

rozumět

kërkoj

ptát se

dëgjoj

slyšet

pi

pít

ha

jíst

sistemoj

uklidit

dashuroj

milovat

gatuaj

vařit

drejtoj makinën

jet

fluturoj

letět

aktivitet - aktivity

lundroj

plachtit

llogaris

počítat

lexoj

číst

mësoj

učit se

punoj

pracovat

martohem

vzít si

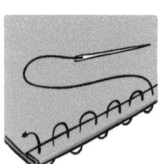

qep

šít

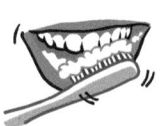

laj dhëmbët

čistit si zuby

vras

zabít

tymos

kouřit

dërgoj

poslat

gjyshe
babička

gjysh
dědeček

baba
otec

nënë
matka

bebe
dítě

vajzë
dcera

djalë
syn

mysafir

host

teze, hallë

teta

dajë, xhaxha

strýc

vëlla

bratr

motër

sestra

trupi
tělo

balli
čelo
syri
oko
shpatulla
rameno
gishti
prst
fytyra
obličej
mjekra
brada
dora
ruka
kraherori
hruď
këmba
dolní končetina
krahu
paže

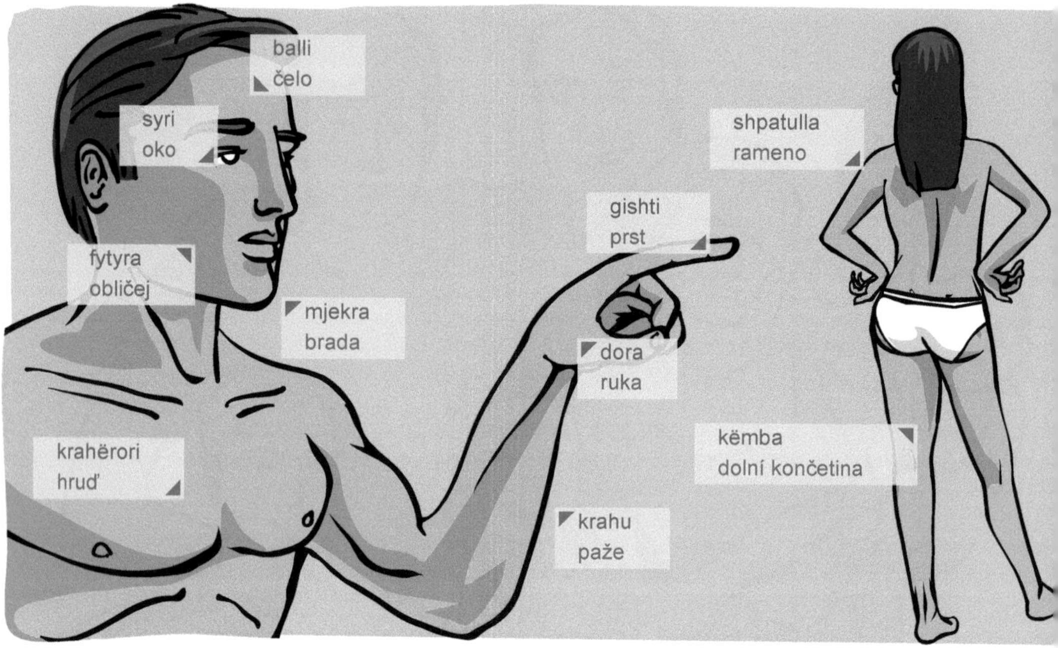

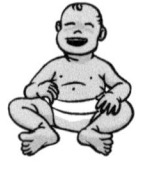

bebe

dítě

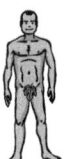

burrë

muž

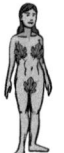

grua

žena

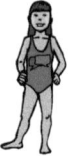

vajzë

dívka

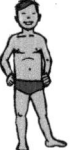

djalë

chlapec

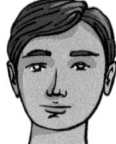

koka

hlava

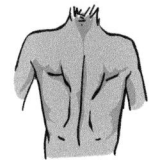

shpina

záda

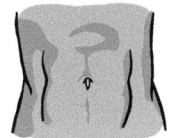

barku

břicho

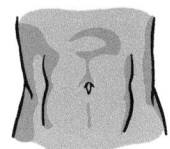

kërthiza

pupík

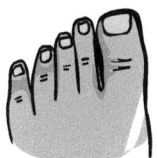

gisht këmbe

prst na noze

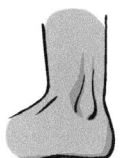

Thembra

pata

kockë

kost

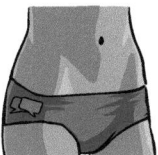

legeni

bok

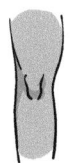

gjuri

koleno

bërryli

loket

hunda

nos

vithe

zadek

lëkura

kůže

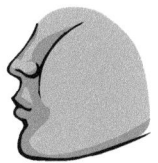

faqja

tvář

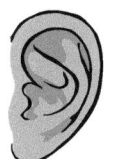

veshi

ucho

buza

ret

goja

ústa

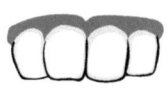

dhëmbët

zub

gjuha

jazyk

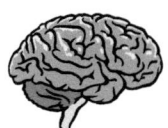

truri

mozek

zemra

srdce

muskul

sval

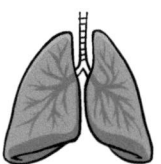

mushkëria

plíce

mëlçia

játra

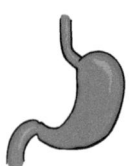

stomaku

žaludek

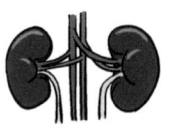

veshka

ledviny

seks

pohlavní styk

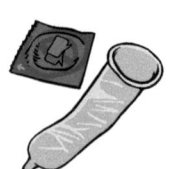

prezervativ

kondom

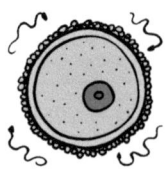

veza

vajíčko

sperma

sperma

shtatëzani

těhotenství

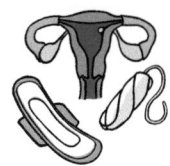

menstruacione

menstruace

vagina

vagina

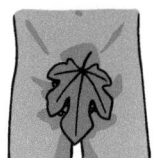

penis

penis

vetulla

obočí

flokët

vlasy

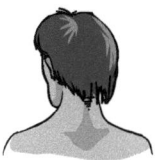

qafa

krk

spital

nemocnice

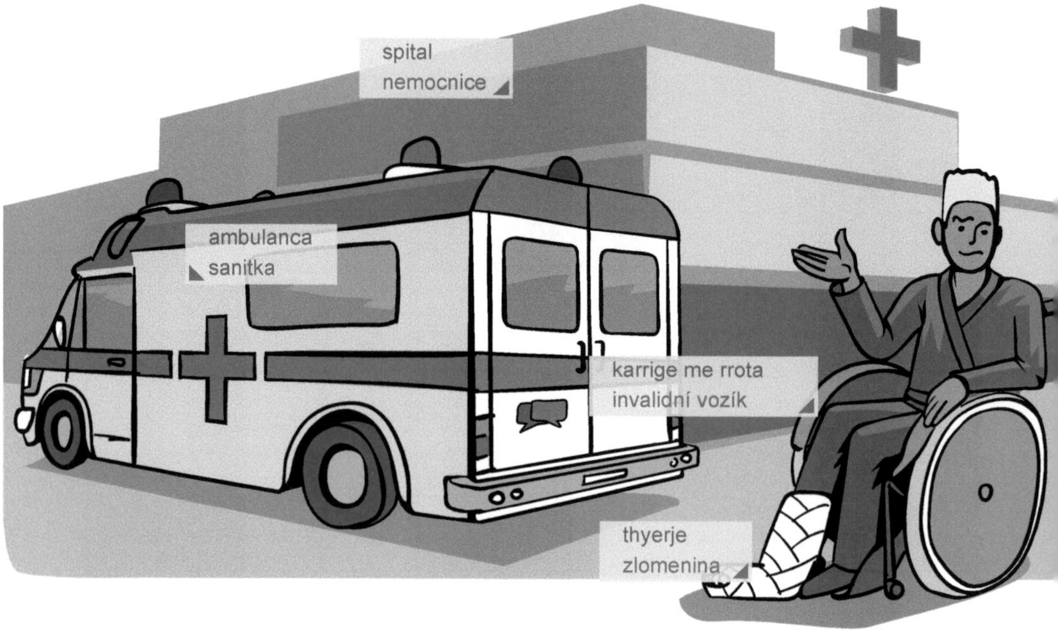

spital
nemocnice
ambulanca
sanitka
karrige me rrota
invalidní vozík
thyerje
zlomenina

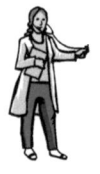

mjek

lékař

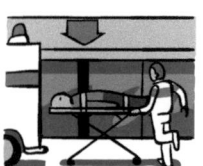

sallë urgjencash

pohotovost

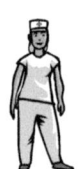

infermiere

zdravotní sestra

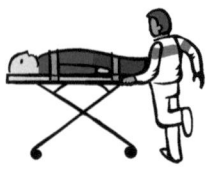

emergjencë

urgentní případ

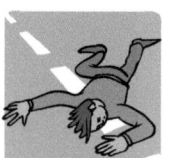

i pandërgjegjshëm

v bezvědomí

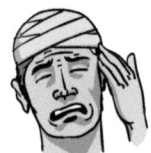

dhimbje

bolest

dëmtim
úraz

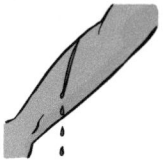

gjakosje
krvácení

infarkt
infarkt myokardu

goditje
cévní mozková příhoda

alergji
alergie

kolla
kašel

ethe
horečka

grip
chřipka

diarre
průjem

dhimbje koke
bolest hlavy

kancer
rakovina

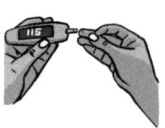

diabet
cukrovka

kirurg
chirurg

bisturi
skalpel

operacion
operace

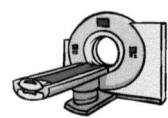

CT (skaner)

CT

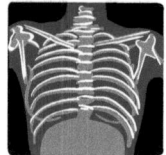

radiografi

rentgen

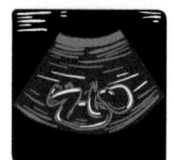

ultratingull

ultrazvuk

maskë fytyre

maska

sëmundje

nemoc

dhomë pritjeje

čekárna

paterica

berle

leukoplast

náplast

fasho

obvaz

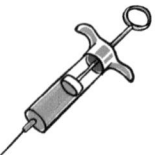

injeksion

injekce

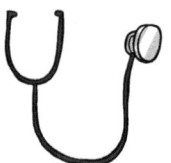

stetoskop

stetoskop

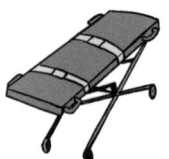

barelë

nosítka

termometër

teploměr

lindje

porod

mbipeshë

nadváha

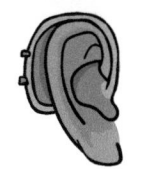

aparat dëgjimi

naslouchátko

dezinfektant

dezinfekční prostředek

infeksion

infekce

virus

virus

HIV / AIDS

HIV / AIDS

mjekësi, mjekim

lékařství

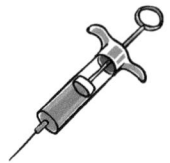

vaksinim

očkování

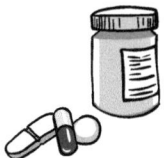

tableta

tablety

pilulë

pilulka

telefonatë emergjence

tísňové volání

aparat tensioni

tonometr

i sëmurë / i shëndetshëm

nemocný / zdravý

Ndihmë!

Pomoc!

alarm

poplach

sulm

přepadení

atak

napadení

rrezik

nebezpečí

dalje emergjence

nouzový východ

Zjarr!

Hoří!

fikëse zjarri

hasicí přístroj

aksident

nehoda

kuti e ndimës së shpejtë

zdravotnická brašna

SOS

SOS

policia

policie

Europa

Evropa

Amerika e Veriut

Severní Amerika

Amerika e Jugut

Jižní Amerika

Afrika

Afrika

Azia

Asie

Australia

Austrálie

Atlantiku

Atlantik

Paqësori

Pacifik

Oqeani Indian

Indický oceán

Oqeani Antarktik

Jižní ledový oceán

Oqeani Arktik

Severní ledový oceán

Poli i veriut

severní pól

Poli i Jugut

jižní pól

Antarktida

Antarktida

toka

země

tokë

pevnina

det

moře

ishull

ostrov

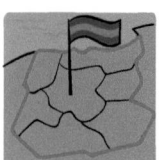

komb

národ

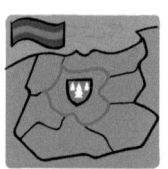

shtet

stát

fusha e orës
ciferník

akrepi i orës
hodinová ručička

akrepi i minutave
minutová ručička

akrepi i sekondave
vteřinová ručička

Sa është ora?
Kolik je hodin?

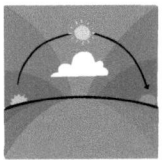

ditë
den

kohë
čas

tani
teď

orë dixhitale
digitální hodinky

minutë
minuta

orë
hodina

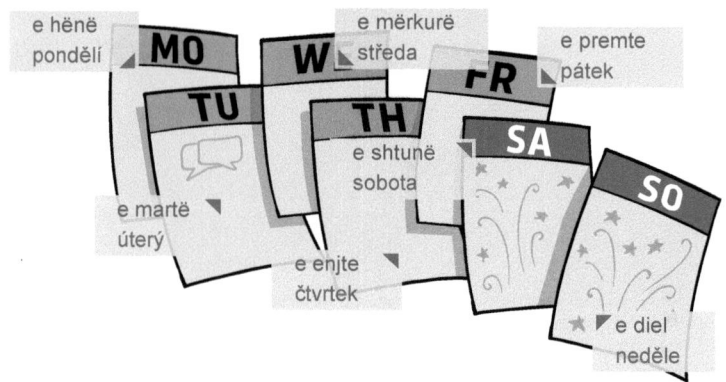

e hënë
pondělí

e mërkurë
středa

e premte
pátek

e martë
úterý

e shtunë
sobota

e enjte
čtvrtek

e diel
neděle

dje

včera

sot

dnes

nesër

zítra

mëngjes

ráno

mesditë

poledne

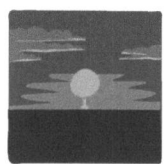

mbrëmje

večer

ditë pune

pracovní dny

fundjavë

víkend

vit
rok

shi
déšť
ylber
duha
erë
vítr
borë
sníh
pranverë
jaro
verë
léto
vjeshtë
podzim
dimër
zima

4.APRIL 11°
5.APRIL 4°
6.APRIL 13°
7.APRIL 8°
8.APRIL 10°

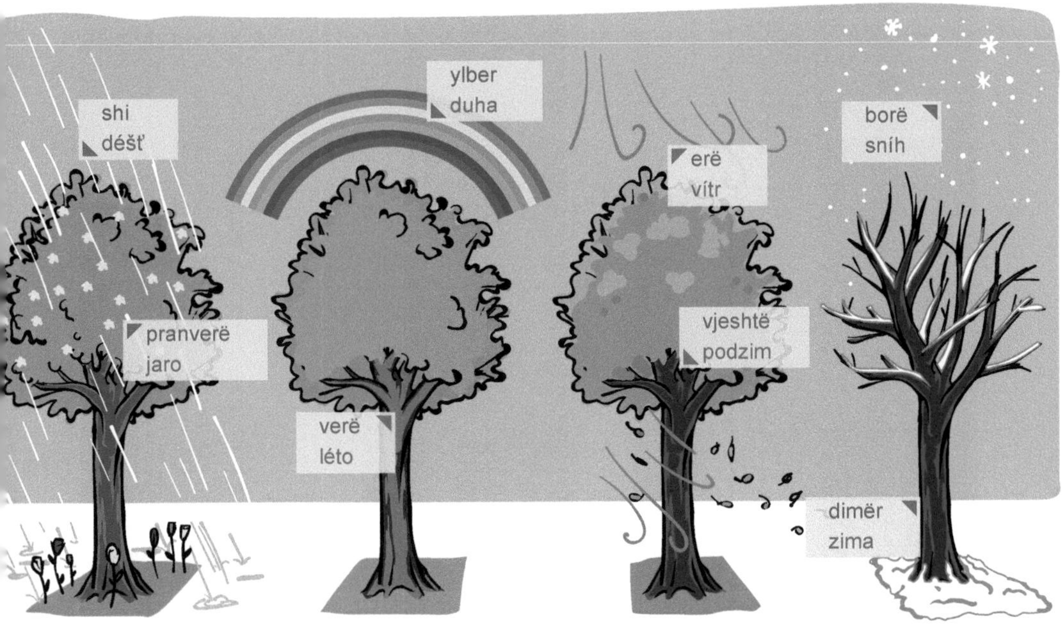

parashikimi i motit
předpověď počasí

F C
120 90 60 30 0 -30
40 30 20 10 0 -10 -20

termometër
teploměr

ndriçim dielli
sluneční svit

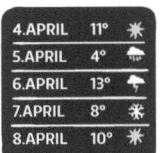

re
mrak

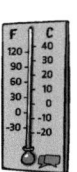

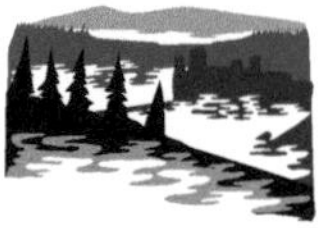

mjegull
mlha

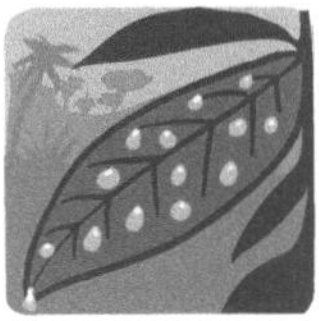

lagështi
vlhkost

vetëtima

blesk

gjëmim

hrom

stuhi

bouřka

breshër

kroupy

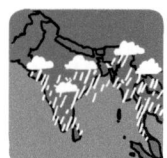

muson

monzun

përmbytje

povodeň

akull

led

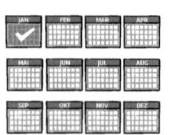

janar

leden

shkurt

únor

mars

březen

prill

duben

maj

květen

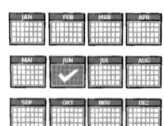

qershor

červen

korrik

červenec

gusht

srpen

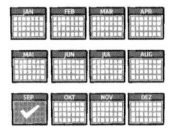

shtator
....
září

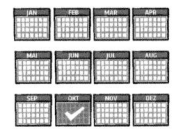

tetor
....
říjen

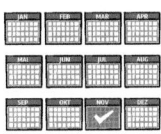

nëntor
....
listopad

dhjetor
....
prosinec

forma
tvary

rreth
....
kruh

katror
....
čtverec

drejtkëndësh
....
obdélník

trekëndësh
....
trojúhelník

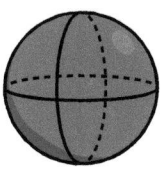

sferë
....
koule

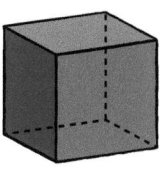

kub
....
krychle

e bardhë

bílá

e verdhë

žlutá

portokalli

oranžová

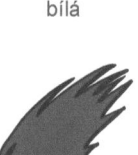

rozë

růžová

e kuqe

červená

vjollcë

fialová

blu

modrá

e gjelbër

zelená

kafe

hnědá

gri

šedá

e zezë

černá

shumë / pak

hodně / málo

i nevrikosur / i qetë

rozzuřený / mírumilovný

i bukur / i shëmtuar

krásný / ošklivý

fillim / fund

začátek / konec

i madh / i vogël

velký / malý

i ndritshëm / i errët

světlý / tmavý

vëlla / motër

bratr / sestra

e pastër / e pistë

čistý / špinavý

e plotë / jo e plotë

úplný / neúplný

ditë / natë

den / noc

gjallë / vdekur

mrtvý / živý

i gjerë / i ngushtë

široký / úzký

i ngrënshëm / i pangrënshëm
jedlý / nejedlý

i keq / i këndshëm
zlý / hodný

i lumtur / i mërzitur
vzrušený / znuděný

i shëndoshë / i dobët
tlustý / hubený

e para / e fundit
nejdříve / naposledy

mik / armik
přítel / nepřítel

plot / bosh
plný / prázdný

e fortë / e butë
tvrdý / měkký

e rëndë / e lehtë
těžký / lehký

uri / etje
hlad / žízeň

i sëmurë / i shëndetshëm
nemocný / zdravý

e paligjshme / e ligjshme
ilegální / legální

i zgjuar / budalla
inteligentní / hloupý

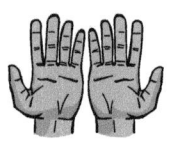

majtas / djathtas
vlevo / vpravo

afër / larg
blízko / daleko

e re / e përdorur

nový / použitý

asgjë / diçka

nic / něco

i moshuar / i ri

starý / mladý

ndezur / fikur

zapnutý / vypnutý

hapur / mbyllur

otevřeno / zavřeno

i qetë / i zhurmshëm

tichý / hlasitý

i pasur / i varfër

bohatý / chudý

e drejtë / e gabuar

správný / špatný

i ashpër / i butë

drsný / hladký

i mërzitur / i lumtur

smutný / šťastný

i shkurtër / i gjatë

krátký / dlouhý

ngadalë / shpejt

pomalý / rychlý

i lagësht / i thatë

vlhký / suchý

ngrohtë / freskët

teplý / chladný

luftë / paqe

válka / mír

0

zero

nula

1

një

jedna

2

dy

dva

3

tre

tři

4

katër

čtyři

5

pesë

pět

6

gjashtë

šest

7

shtatë

sedm

8

tetë

osm

9

nentë

devět

10

dhjetë

deset

11

njëmbëdhjetë

jedenáct

12

dymbëdhjetë
dvanáct

13

trembëdhjetë
třináct

14

katërmbëdhjetë
čtrnáct

15

pesëmbëdhjetë
patnáct

16

gjashtëmbëdhjetë
šestnáct

17

shtatëmbëdhjetë
sedmnáct

18

tetëmbëdhjetë
osmnáct

19

nentëmbëdhjetë
devatenáct

20

njëzetë
dvacet

100

qind
sto

1.000

mijë
tisíc

1.000.000

milion
milion

anglisht

angličtina

anglishte amerikane

americká angličtina

kinezisht mandarin

standardní čínština

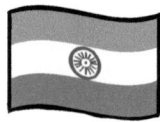

hindi

hindština

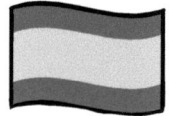

spanjisht

španělština

frëngjisht

francouzština

arabisht

arabština

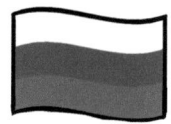

rusisht

ruština

portugalisht

portugalština

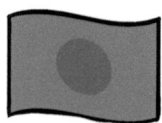

bengalisht

bengálština

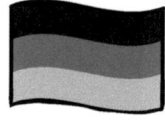

gjermanisht

němčina

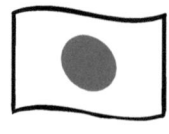

japonisht

japonština

unë
já

ti
ty

ai / ajo
on / ona / ono

ne
my

ju
vy

ata
oni

kush?
Kdo?

çfarë?
Co?

si?
Jak?

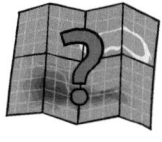

ku?
Kde?

kur?
Kdy?

emër
jméno

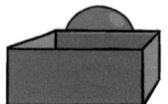

pas

za

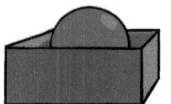

në

do

përballë

z

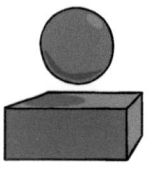

sipër

nad

mbi

na

poshtë

mezi

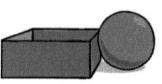

pranë

vedle

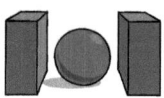

midis

mezi

vend

místo